W0035718

Dieses Buch gehört:

Kirsten Boie, 1950 in Hamburg geboren, studierte dort Germanistik und Anglistik und arbeitete als Lehrerin. Inzwischen sind von ihr weit mehr als hundert Bücher erschienen und in zahlreiche Sprachen übersetzt worden. Kirsten Boie gehört zu den renommiertesten deutschen Kinderbuchautoren und wurde für ihr Gesamtwerk mit dem Sonderpreis des Deutschen Jugendliteraturpreises ausgezeichnet.

Nadine Jessler, geboren 1979, lebt und arbeitet in Nettetal am Niederrhein. Sie studierte Produkt-Design mit Schwerpunkt Illustration an der Hochschule Niederrhein in Krefeld. Seit 2007 ist sie als freie Illustratorin für verschiedene Verlage tätig.

Kirsten Boie

Abenteuer im Möwenweg

Wir bekommen Kaninchen

Bilder von Nadine Jessler
nach Figuren von Katrin Engelking

Verlag Friedrich Oetinger · Hamburg

Inhalt

Tara

PETJA

MAUZ

Ich heiße Tara,

und das sind meine beiden Brüder.

Petja finde ich manchmal

nicht so praktisch.

Der will nämlich meistens

alles bestimmen.

Und mit Maus kann man leider

nicht so viel anfangen.

Der geht noch nicht mal in die Schule.

Wir wohnen alle im Möwenweg
in einem Reihenhaus.
Und meine beste Freundin Tieneke
wohnt zwei Häuser weiter.

Neben Tieneke wohnen
meine zweitbesten Freundinnen,
Fritzi und Jul.

Will jemand noch die Jungs wissen?
Das sind Vincent und Laurin,
die wohnen im Endhaus.
Vincent ist sehr schlau,
und Laurin ist sehr frech.
Da ist es doch gut aufgeteilt.

Bei uns im Möwenweg
ist es am allerschönsten
auf der ganzen Welt.

1. Junge Zwergkaninchen zu verschenken

In den Sommerferien konnten
wir nicht verreisen,
weil wir doch gerade erst
das Haus gekauft hatten.
So was ist teuer, sagt Papa.

Aber zum Glück sind
die anderen Kinder auch
alle zu Hause geblieben.
Da hat es mir nichts ausgemacht.
Man kann bei uns jeden Tag
so viel machen.

An einem Montag hat Tieneke
bei mir geklingelt und gesagt,
dass sie jetzt losgeht
und ein Kaninchen kauft.
Hat Tieneke es nicht gut?

Sie hat gefragt,
ob ich ihr beim Aussuchen helfe.
Das wollte ich natürlich gerne.

Vor dem Haus haben Fritzi und Jul
auf ihrer Pforte gesessen
und geschaukelt.
Da hat Tieneke gesagt,
dass die beiden auch mitdürfen.

Das fand ich ein bisschen schade.
Weil ja eigentlich ich
ihre beste Freundin bin.

Tienekes Mutter hatte im Supermarkt
einen Zettel gesehen, auf dem stand:
Junge Zwergkaninchen
zu verschenken

Tieneke hat eine leere
Spielzeug-Kiste mitgenommen.
In die wollte sie
das Kaninchen setzen.

Ich habe schnell gefragt,
ob ich ihr beim Tragen helfen darf.
Mal sehen, hat Tieneke gesagt.

11

2. Darf ich auch mal halten?

Wir sind zusammen
zu einem ganz kleinen alten Haus
mit einem riesigen Garten gegangen.

„Nun guckt mal,
welches euch gefällt",
hat die Kaninchen-Frau gesagt.

In einem Gehege haben sechs
winzig kleine Kaninchen gehockt.
Ich hatte gar nicht gewusst,
dass Kaninchen zu Anfang
so winzig sind!

Tieneke durfte in das Gehege steigen
und sich eins aussuchen.
Ich habe Tieneke zugeflüstert,
sie soll das ganz weiße nehmen.

Aber da ist Tieneke böse geworden
und hat gesagt,
sie kann ja wohl alleine entscheiden.
Und entweder will sie
das ganz schwarze oder
das weiße mit den schwarzen Punkten.

„Ich will mich ja nicht einmischen",
hat die Kaninchen-Frau gesagt.
„Aber am liebsten würde ich sie
sowieso zu zweit weggeben."

Und man stelle sich vor,
das hat Tienekes Mutter erlaubt!

Da hat die Frau also das weiße
und das schwarze Kaninchen
in Tienekes Spielzeug-Kiste gesetzt.

Und sie hat noch
ein paar Karotten dazugelegt,
damit sie sich wohlfühlen.

Auf dem Nachhauseweg
haben wir uns
ein bisschen gestritten,
wer die Kiste tragen durfte.

Aber dann hat Tieneke gesagt,
auf der einen Seite der Kiste
darf sie die ganze Zeit halten,
weil es ja ihre Kaninchen sind.

Wir anderen können uns
auf der anderen Seite abwechseln.
Sie sagt immer,
wann die Nächste darf.

Bis nach Hause bin ich
dreimal drangekommen
und Jul und Fritzi nur zweimal.
Da war Jul ziemlich böse.

Aber Tieneke hat gesagt,
sie kann ja nichts dafür,
dass der Weg so kurz ist.

Zu Hause hat Tieneke
uns nicht erlaubt,
dass wir die beiden auch mal
auf den Arm nehmen.

Sie hat gesagt,
es sind ihre Kaninchen,
darum müssen sie sich
erst mal an sie gewöhnen.
Sonst denken sie nachher noch,
dass wir ihre Mutter sind.

„Du tickst ja nicht richtig!",
hat Jul gesagt.
„Sehen wir aus wie ein Kaninchen?
Das glaubst du ja wohl selber nicht,
dass die uns für ihre Mutter halten!"

So hatte Tieneke es ja
gar nicht gemeint.
Aber da war Jul schon gegangen.
Und Fritzi ist natürlich wieder
hinterhergelaufen.
Das tut sie meistens.

3. Wir denken uns Kaninchen-Namen aus

Da waren Tieneke und ich
mit den Kaninchen alleine.

Und Tieneke hat gesagt,
Gott sei Dank.
Jetzt können wir uns
ganz in Ruhe Namen überlegen.

Wir haben einen Zettel genommen
und eine Liste gemacht.
Es ist wirklich komisch,
wie viele gute Kaninchen-Namen
uns eingefallen sind:

Schwarzfellchen und Weißfellchen,
Schwarzpfötchen und Weißpfötchen
und Purzel und Wurzel
und Puschel und Wuschel
und Zwergenhase.

Zwergenhase hab ich vorgeschlagen.
Es klingt so lieb
und ein kleines bisschen verzaubert.

Tienekes Vater hat gesagt,
er würde die beiden
Django und Rambo nennen.
Und Tienekes Mutter irgendwas
mit Beethoven.
So heißt ein Hund in einem Film.

Schließlich hat Tieneke gesagt,
das schwarze heißt Puschelchen
und das weiße Wuschelchen.
Und das hab ich auch gut gefunden.

Zu Hause hab ich
beim Abendbrot erzählt,
dass Tieneke zwei kleine
Zwergkaninchen gekriegt hat
und dass sie Puschelchen und
Wuschelchen heißen.

Petja hat gesagt,
das sind ja wohl bescheuerte Namen.

„Puschel-chen und Wuschel-chen!",
hat er mit so einer
ganz hohen Stimme gesagt.
„Ach-chen je-chen,
wie-chen süß-chen!"

Maus ist vor Lachen
fast vom Stuhl gefallen.
Da hat Mama gesagt,
sie findet die Namen Puschelchen
und Wuschelchen sehr schön.

4. Wir bauen einen Käfig

Am nächsten Morgen hat Fritzi
bei mir geklingelt und gesagt,
ihr Vater baut einen Käfig
für Puschelchen und Wuschelchen.
Und wenn ich will, darf ich helfen.
Das wollte ich natürlich.

Ich bin also zu den Garagen gegangen.
Da standen schon Tieneke und Jul.

Wir waren auch
nicht mehr verkracht.
Das sind wir zum Glück
nie so besonders lange.

Der Vater von Fritzi und Jul
kennt sich von allen Vätern
am besten mit Handwerks-Sachen aus.

Wir durften beim Ausmessen helfen
und beim Festhalten
und sogar beim Sägen.
Das war aber ziemlich anstrengend.

Als wir schon fast fertig waren,
sind die Jungs noch gekommen.
Wir hatten aber sowieso
keine so dolle Lust mehr.

Fritzi hatte einen Splitter im Finger,
und ich hatte sogar eine Blase.
Vom Sägen. Aber das gehört dazu.
Ein Handwerker ohne Blasen
ist gar kein richtiger Handwerker.

Als der Käfig fertig war,
haben wir ihn ganz hinten am Zaun
in Tienekes Garten aufgestellt.
Dann haben wir
aus Leisten und Kaninchen-Draht
noch ein Gehege gebaut.

Schließlich sollen Puschelchen und
Wuschelchen auch draußen sein
und ihre schöne Freiheit genießen,
hat Tieneke gesagt.
Ihre kleinen Kaninchen
sollen es ja gut haben bei ihr.

5. Viel Glück im neuen Heim

Gerade als wir Puschelchen und
Wuschelchen in ihr neues Zuhause
setzen wollten,
hat Vincent „Stopp!" gerufen.

Er hat gesagt,
auf ein neues Haus
muss man mit Sekt anstoßen.

Tieneke hatte aber keinen Sekt.
Und ich weiß auch gar nicht,
ob ich den mag.

Vincent hat gesagt,
zur Not geht auch Cola.
Da haben wir Cola
aus Tienekes Keller geholt.

Und dann haben wir
ihre Mutter gefragt,
ob wir die Sekt-Gläser haben dürfen.

Wenn man mit den alten
Senf-Gläsern anstößt,
aus denen wir sonst immer
bei Tieneke trinken,
ist es irgendwie nicht so feierlich.

Tienekes Mutter hat gesagt,
dass wir das ausnahmsweise dürfen.
Wir müssen aber versprechen,
dass wir ganz, ganz vorsichtig sind.

Wir sind ja keine Babys mehr.
Nur bei Maus war ich mir
da nicht so sicher.

Er hat aber geschrien,
als Tieneke ihm ein Senf-Glas
geben wollte.

Wir haben uns also alle
mit einem Sekt-Glas in der Hand
vor das Gehege gestellt.

Vincent hat gesagt,
jetzt muss einer eine Rede halten.
Es ist aber niemandem
eine Rede eingefallen,
nicht mal Petja.

Darum haben wir nur ganz vorsichtig
mit unseren Gläsern angestoßen,
und dann haben wir die Cola
ausgetrunken.

„Was für ein köstlicher Sekt,
meine Herren!",
hat Petja gesagt.
„Bei Ihnen ist aber auch
immer alles vom Feinsten."

Dann hat Tieneke
die beiden Kaninchen
ins Gehege gesetzt.
Sie haben ganz erschrocken
ausgesehen und sich nicht
vom Fleck gerührt.

Viel Glück im neuen Heim,
wollte ich dann noch sagen.
Das ist mir eingefallen,
weil man das sagt,
wenn jemand umzieht.

Ich hab aber gedacht,
bestimmt lacht Petja mich aus,
wenn ich das sage.
Darum hab ich es nur
in Gedanken geflüstert.

6. Kaninchen sind nicht langweilig!

Fritzi und Jul und Tieneke und ich
haben uns vor das Gehege
gesetzt und zugeguckt,
wie Puschelchen und Wuschelchen
angefangen haben,
den Rasen abzufressen.

„Jetzt braucht ihr bestimmt
keinen Rasenmäher mehr",
hab ich gesagt.

„Oh ja!", hat Tieneke gesagt.
„Wir können das Gehege
ja jeden Tag woanders aufstellen.
Dann ist nachher der ganze Rasen
kurz gefressen."

Kaninchen sind wirklich
nützliche Tiere.
Aber Petja hat gesagt,
er findet so kleine Kaninchen langweilig.

Er kauft sich später mal
einen großen gefährlichen Hund
oder vielleicht einen Affen.
Er will lieber ein wildes Tier.

„Die sind aber auch ganz wild,
du Doofer!", hat Maus gesagt
und ein Löwenzahn-Blatt
in das Gehege gehalten.
„Das sind ganz wilde Kaninchen!"

Petja hat Maus einen Vogel gezeigt,
und dann sind die Jungs
Fußball spielen gegangen.

Aber wir sind noch ziemlich lange
sitzen geblieben
und haben zugeguckt,
wie Puschelchen und Wuschelchen
sich eingelebt haben.

Und hinterher durften wir
Tieneke alle helfen,
Körner in die Futter-Schalen zu füllen
und die Trink-Flasche an der Käfigtür
aufzuhängen.

Haben wir nicht Glück,
dass wir im Möwenweg
jetzt auch noch Haustiere haben?
Ich finde, bei uns haben wir es
am schönsten auf der Welt.

Willkommen in der LESESTARTER Rätselwelt

Hast du Lust auf noch mehr Lesespaß?

Dann findest du hier viele tolle Rätsel und spannende Spiele. Auf der nächsten Seite geht es schon los!

Viel Spaß!

Lösungen auf Seite 56–57

Kannst du die Bilder den richtigen Sätzen zuordnen?

3 Vincent ist sehr schlau, und Laurin ist sehr frech.

2 Tienekes Mutter hatte im Supermarkt einen Zettel gesehen.

4 „Du tickst ja nicht richtig!", hat Jul gesagt.

1 „Jetzt braucht ihr bestimmt keinen Rasenmäher mehr", hab ich gesagt.

1

2

Junge Zwergkaninchen
zu verschenken

3

4

Wortkreuze

Welche Wörter verstecken sich hier? Suche die passenden Buchstaben.

G
L
D R [ ] H T
S

K
S E [ ] T E
S
T
E

N
B L [ ] S E
M
E

 —————— elchen

—————— elchen

 —————

**Kennst du
meinen Namen?
Schreibe ihn auf!**

Wer bin ich? LESESTARTER

Findest du den Weg durch das Buch?

Starte auf Seite 9!

Die Hausnummer zeigt dir, wie viele Seiten du weitergehen musst.

Wie viele Wörter hat die erste Zeile? Blättere so viele Seiten weiter.

Wie viele Namen stehen auf dem Block? Gehe so viele Seiten weiter.

Zähle die Nägel und gehe so viele Seiten weiter.

Wie viele Wörter hat der dritte Satz auf dieser Seite? Blättere so viele Seiten weiter.

Bist du bei uns angekommen?

Satz für Satz kannst du Figuren wegstreichen. Wer bleibt übrig?

Ich bin ein Kind.

Ich trage keine Brille.

Ich bin ein Mädchen.

Ich bin nicht blond.

Ich stehe neben Fritzi.

Ich bin: *Tara*

p   d   p   b   b

d   b   p   b   d

P   d   b   P   d

Puschelchen beginnt mit „P". Wie oft kannst du den Buchstaben finden?

4

Buchstaben-Mix   LESESTARTER

Würfelspiel

Spiel für zwei!
Wer verfüttert
die letzte Möhre?

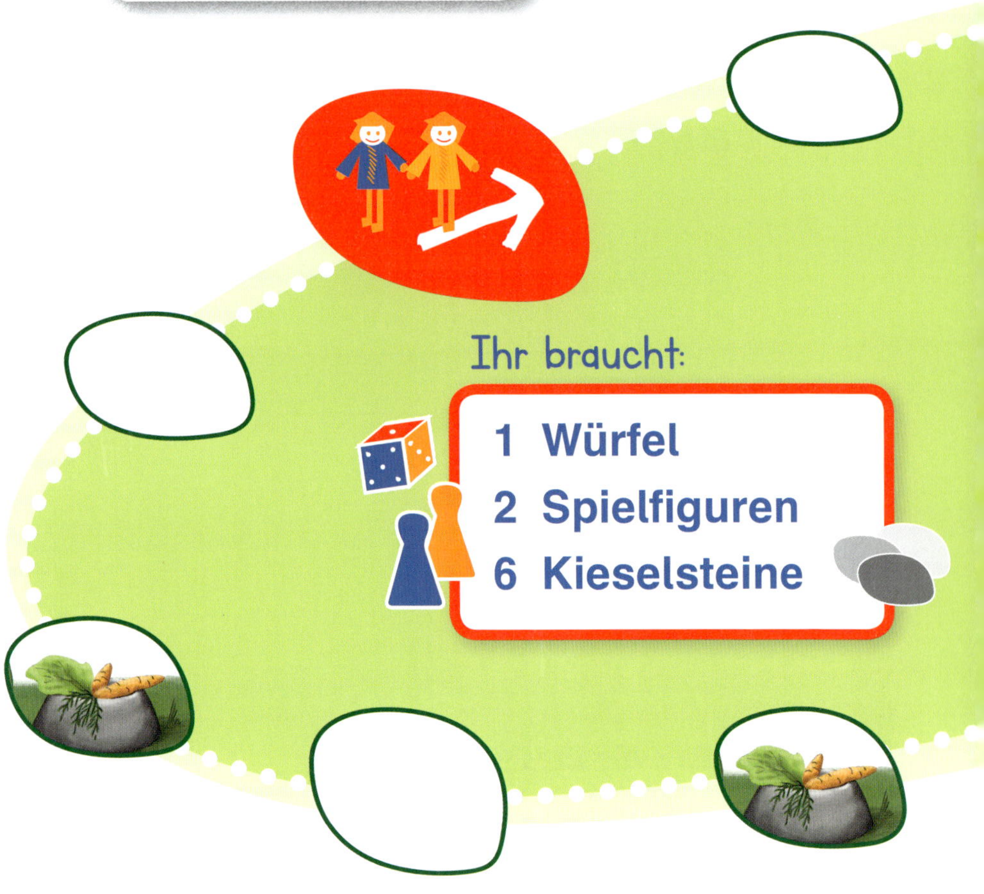

Ihr braucht:

1 Würfel
2 Spielfiguren
6 Kieselsteine

Verteilt die Kiesel auf die Felder mit den Möhren. Würfelt abwechselnd! Landest du auf einem MÖHREN-FELD, nimm den Kiesel weg. Wer sich die letzte Möhre schnappt, hat gewonnen!

Welche Wörter verstecken sich hier? Finde das Lösungswort!

Vincent und Laurin wohnen im

An einem ☐☐☐☐☐☐

hat Tieneke bei mir geklopft.

Die Kaninchen haben angefangen, den

☐☐☐☐☐ abzufressen.

Wir haben gefragt, ob wir die

Sekt - ☐☐☐☐☐☐

haben dürfen.

Petja will lieber ein wildes

☐☐☐☐

LÖSUNGSWORT:

☐☐☐☐☐☐

**Alle Rätsel gelöst?
Hier findest du die
richtigen Antworten.**

Seite 48–49 · Lese-Rallye
Haus Nr. 5 → Seite 14
6 Wörter → Seite 20
4 Namen → Seite 24
6 Nägel → Seite 30
8 Wörter → Ziel: Seite 38

Seite 50 · Lese-Logik
Ich bin Tara.

Seite 51 · Buchstaben-Mix
5 Mal „p/P"

Seite 54–55 · Wortsuche
Endhaus, Montag, Rasen, Gläser, Tier
Lösungswort: GEHEGE

Seite 44–45 · Bildsalat

Vincent ist sehr schlau,
und Laurin ist sehr frech. = Bild 3

Tienekes Mutter hatte im Supermarkt
einen Zettel gesehen. = Bild 2

„Du tickst ja nicht richtig!", hat Jul gesagt. = Bild 4

„Jetzt braucht ihr bestimmt keinen Rasenmäher
mehr", hab ich gesagt. = Bild 1

Seite 46 · Wortkreuze

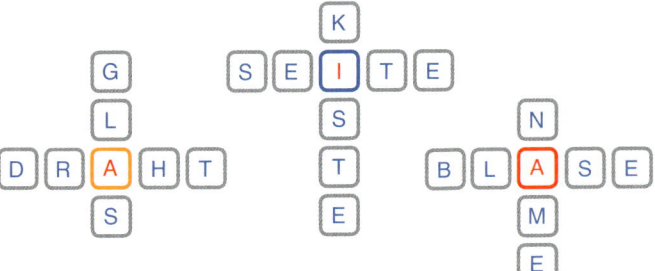

Seite 47 · Wer bin ich?

Puschelchen, Wuschelchen, Maus

LESESTARTER
2. Lesestufe

Spannung, Spaß und Abenteuer!

Erhard Dietl
Die Olchis und die große Mutprobe
ISBN 978-3-7891-1095-5

Bjarne Blomkvist
Ein Fall für 3.
Ein rätselhafter Einbruch
ISBN 978-3-7891-1207-2

Salah Naoura
Superhugo startet durch!
ISBN 978-3-7891-1266-9

Paul Maar
Das Sams und die Wunsch-Würstchen
ISBN 978-3-7891-1102-0

Oetinger

Weitere Informationen unter **www.oetinger.de**

Beste Freunde halten immer zusammen

Kirsten Boie
**Abenteuer im Möwenweg.
Wir bekommen Kaninchen**
ISBN 978-3-7891-1098-6

Kirsten Boie
**Abenteuer im Möwenweg.
Wir reißen aus**
ISBN 978-3-7891-1099-3

Astrid Lindgren
Kindertag in Bullerbü
ISBN 978-3-7891-1096-2

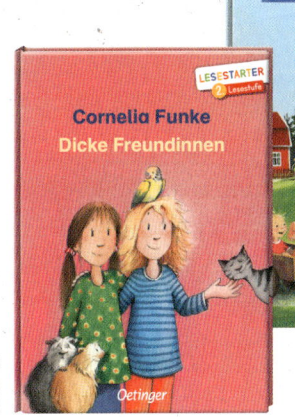

Cornelia Funke
Dicke Freundinnen
ISBN 978-3-7891-1108-2

Oetinger

Weitere Informationen unter **www.oetinger.de**

Auf www.oetinger.de findest du zahlreiche weitere Kinderbücher
von den Kindern aus dem Möwenweg.

Originalausgabe
2. Auflage
© 2017, 2019 Verlag Friedrich Oetinger GmbH,
Max-Brauer-Allee 34, 22765 Hamburg
Alle Rechte vorbehalten
Die Geschichte ist ein dem Kinderbuch „Sommer im Möwenweg"
entnommenes Kapitel, das für Leseanfänger sprachlich überarbeitet
und neu illustriert wurde.
© Titelbild und farbige Illustrationen von Nadine Jessler
nach den Figuren von Katrin Engelking
Einband- und Reihengestaltung von Andrea Pieper
Reproduktion: Domino Medienservice GmbH, Lübeck
Druck und Bindung: Livonia Print SIA, Ventspils iela 50,
LV-1002, Riga, Lettland
Printed 2021
ISBN 978-3-7891-1098-6

www.kirsten-boie.de
www.moewenweg-stiftung.de
www.oetinger.de